PLAN D'ÉDUCATION NATIONALE.

MÉMOIRE

SUR UN PLAN

D'ÉDUCATION NATIONALE.

PAR

CH. DELATTRE,

Directeur du Prytanée de Menars.

Fraternité!
N'oubliez pas ce mot sublime, que tant de gens ont à la bouche, et que si peu ont dans le cœur... Pratiquez-la, cette fraternité; qu'elle passe dans votre vie, dans vos œuvres de tous les jours.
(Le général LAMORICIÈRE, allocution aux colons partant pour l'Algérie.)

PARIS

IMPRIMERIE DE HENNUYER ET C⁰, RUE LEMERCIER, 24.

BATIGNOLLES.

1848.

MÉMOIRE

SUR UN PLAN

D'ÉDUCATION NATIONALE.

L'Assemblée nationale vient de proclamer le droit des citoyens à l'instruction ; il est évident que cette formule comprend en même temps le droit à l'éducation.

L'instruction fait des hommes utiles sous le rapport du travail ; elle produit des agriculteurs, des industriels, des savants, des littérateurs; mais ce n'est pas elle qui produit le citoyen. L'instruction développe et féconde l'intelligence, mais elle ne forme pas l'homme moral.

L'homme moral est celui qui est pénétré de l'étendue de ses devoirs, et qui ne recule jamais devant l'accomplissement du moindre d'entre eux. Un tel homme est réellement digne du beau titre de citoyen, le seul titre qui ait une véritable valeur. Chez cet homme on trouvera le dévouement à la patrie, le dévouement à l'humanité, le désintéressement, l'amour de la liberté, l'obéissance aux lois qui sont l'expression de la volonté nationale, toutes les vertus, en un mot, qui seules forment l'apanage de l'homme de bien et du bon citoyen.

Toute société politique, République ou autre, pour s'asseoir sur une base puissante et inébranlable, pour se perpétuer dans les âges futurs, doit, par conséquent, avoir pour premier objet de sa sollicitude de faire pénétrer dans le cœur des jeunes générations les vertus civiques, de graver dans l'âme encore plastique de l'adolescence les principes éternels d'où découlent ces vertus; enfin de plier l'enfant, l'adolescent, le jeune homme à la pratique des devoirs du citoyen, de leur inspirer l'amour de tout ce qui est beau, juste et honnête, la haine de l'égoïsme et de cette ambition coupable qui n'a pour objet que la satisfaction de l'orgueil et du désir effréné du pouvoir. Or, un seul moyen existe pour arriver à l'accomplissement de ce grand devoir de la République envers elle-même, c'est l'éducation.

L'éducation est donc inséparable de l'instruction, et comme elle est le fait principal, le fait qui domine dans l'action tutélaire et paternelle de la nation sur la jeunesse, cette action doit prendre le titre d'éducation nationale.

J'appelle donc plan d'*éducation nationale*, l'ensemble du système d'après lequel la République dispensera aux jeunes citoyens l'éducation morale et l'instruction.

Le principe d'égalité exige que l'éducation morale soit la même pour tous; il veut aussi que l'instruction soit unitaire à sa base, ensuite qu'elle devienne spéciale, mais uniforme pour chaque carrière qui appelle les jeunes citoyens.

Je traiterai successivement, dans ce Mémoire, de l'éducation et de l'instruction de la première enfance, de l'éducation et de l'instruction primaires, de l'éducation et de l'instruction secondaires, et je réserverai pour un autre travail la question de l'instruction supérieure, instruction à laquelle ne se livre le jeune citoyen qu'au sortir de l'adolescence, alors que son éducation première est terminée.

I

Education et instruction de la première enfance.

Le citoyen aisé élève ses enfants dans l'intérieur de la famille jusqu'à l'âge où ils peuvent commencer à fréquenter les écoles, c'est-à-dire jusqu'à six, sept ou huit ans. Pendant cette première période de l'éducation, l'Etat ne peut intervenir; c'est au père, c'est à la mère de famille qu'il appartient de donner à l'enfant la première direction. Si le père et la mère ont de la moralité, s'ils ont été eux-mêmes convenablement élevés, cette direction sera bonne sans aucun doute. Il est, par conséquent, indubitable que par suite de la moralisation des citoyens sous l'influence de l'éducation nationale, la direction de la première enfance, dans le sein de la famille, s'améliorera de jour en jour.

Si l'Etat ne peut intervenir directement dans l'éducation de la première enfance du citoyen aisé, il n'en est pas de même à l'égard de la première enfance du citoyen pauvre. Le travailleur des villes, le cultivateur des campagnes n'a guère le loisir de s'occuper de ses enfants; l'Etat doit donc les prendre sous sa protection, il doit veiller à leur bien-être. C'est pour ces jeunes enfants du travailleur que s'ouvrent les crèches et les salles d'asile. Par une heureuse expression, ces établissements pour l'éducation de la première enfance ont été décorés du nom d'*Ecoles maternelles*.

Il est urgent que non-seulement chaque ville, mais aussi chaque commune ait son école maternelle, consistant en une crèche et une salle d'asile placées près de l'école communale.

On ne saurait croire, sans en avoir fait l'expérience, combien est malheureuse la condition des pauvres enfants de la campagne depuis leur naissance, jusqu'au moment où ils peuvent être admis à l'école primaire. Dès les premiers jours de leur triste existence, enveloppés de linges rudes et grossiers, privés de la possibilité de tout mouvement. ils sont abandonnés au fond d'un berceau infect pendant la journée entière; à peine si, au milieu du jour, la mère consacre une demi-heure à les allaiter et à les changer de langes; plusieurs les plongent dans la torpeur, à l'aide d'une décoction de pavot, mêlée de lait. Ces infortunées créatures sont-elles en âge de commencer à essayer leurs pas, ou elles restent seules, enfermées et exposées à toutes les chances d'accidents; ou bien, confiées à de petites filles de sept à huit ans, elles se traînent dans la fange des rues, tantôt soumises à l'action de la pluie ou du froid, tantôt sous les rayons d'un soleil ardent. De là nombre de maladies dans lesquelles la plupart ne reçoivent aucun soin médical.

Les crèches recevront, en conséquence, les enfants d'un mois à deux mois, et les salles d'asile les enfants de deux à six ans.

Ces établissements seront entretenus pour un tiers par une allocation à la charge de l'Etat, pour le second tiers par les départements, et pour le troisième par les communes, tant au moyen de centimes additionnels, qu'au moyen de dons volontaires et d'une légère rétribution exigée des parents au-dessus du besoin.

Les crèches et les salles d'asile seront inspectées par le ministre du culte et le maire de la commune, et visitées au moins tous les trois jours par un médecin du canton.

Chaque école maternelle sera divisée en deux salles, par une cloison pleine. L'une des salles contiendra la crèche où seront les enfants au-dessous de trois ans; l'autre sera la salle d'asile proprement dite.

On enseignera aux enfants de l'asile, l'alphabet, l'épellation, le tracé des lettres sur le sable, puis à la craie sur l'ardoise, les premiers éléments du calcul mental.

Le personnel des crèches et des salles d'asile des campagnes se composera d'une surveillante supérieure, de deux ou trois berceuses, de deux gardes surveillantes de l'asile, d'un instituteur, faisant en même temps les fonctions de stagiaire dans l'école communale.

L'instituteur communal aurait la direction générale de ces divers établissements.

La surveillante supérieure, les berceuses, et les surveillantes de l'asile, seront, de préférence à toutes autres, des veuves appartenant à la commune, d'une moralité éprouvée.

Dans l'ameublement et la tenue des crèches et des salles d'asile, on observerait la plus grande économie, alliée à la plus exacte propreté.

II

De l'éducation et de l'instruction de la seconde enfance.

INSTRUCTION PRIMAIRE.

L'éducation et l'instruction primaires sont obligatoires pour les jeunes Français ; car si c'est un droit pour chacun d'y prétendre, et un devoir pour la République de les dispenser, c'est également un devoir imprescriptible pour chaque chef de famille d'y faire participer ses enfants.

Aujourd'hui, principalement dans les campagnes et dans les villes industrielles, un grand nombre de chefs de famille ne comprennent pas l'avantage de l'instruction. Ils en ont été privés, ils ont travaillé dès l'enfance, ils trouvent qu'il y a profit à faire travailler leurs jeunes enfants, et ils se gardent de les envoyer aux écoles. Il sera par conséquent nécessaire d'établir une pénalité contre ceux qui chercheront à priver leurs enfants du bienfait de l'éducation. Sans la sanction pénale, la loi sera éludée par un grand nombre.

La loi devra encore, non-seulement dans l'intérêt de l'instruction, mais encore dans l'intérêt hygiénique, interdire le travail des enfants, soit dans les manufactures, soit dans les exploitations rurales, avant l'âge de douze ans. Une liste des enfants de six à douze ans sera dressée annuellement dans chaque commune, déposée aux mairies, et affichée dans les écoles.

Les écoles primaires seront de deux ordres ; les plus élémentaires porteront le titre d'écoles primaires du deuxième degré, les autres porteront le titre d'écoles primaires du premier degré. Il pourra y avoir, dans les grandes villes, des écoles primaires supérieures, communales ou libres, dont le programme d'études sera tracé par une Commission communale pour les premières, par le chef de l'établissement pour les secondes.

Dans les villes et dans les communes populeuses, il pourra exister des écoles primaires distinctes du deuxième et du premier degré ; mais, dans les campagnes, les écoles seront à la fois du second et du premier degré, et l'instituteur devra être muni du diplôme du premier degré.

Les instituteurs communaux seront divisés en trois classes ; la classe sera un titre personnel acquis par le savoir et les bons services ; le traitement sera en raison de la classe.

Les écoles du second degré existant dans les villes et les communes populeuses ne recevront que des jeunes garçons âgés de six à douze ans, et formant deux divisions, 1° de six à dix ans, 2° de dix à douze ans.

La salle d'école sera divisée en deux parties par une cloison à hauteur d'appui ; chaque partie sera affectée à une division.

L'enseignement sera donné par la méthode dite mutuelle.

La division inférieure formera deux sections : première section, enfants de six à huit ans ; deuxième section, enfants de huit à dix ans. Chaque section sera subdivisée en cercles ayant chacun son moniteur. L'enseignement de la première section comprendra : la lecture, l'écriture, la numération, le calcul mental, les premières et plus simples notions des connaissances usuelles, l'enseignement religieux élémentaire selon le culte.

L'enseignement de la seconde section comprendra : la lecture, l'écriture, le système métrique, les nombres entiers, avec exercice au tableau, et calcul mental sur les quatre règles ; l'histoire sainte, les notions élémentaires de géographie, le catéchisme selon le culte, les premières notions morales des devoirs de l'enfant.

La première division ne formera qu'une section également partagée en cercles ; son enseignement comprendra : la lecture des imprimés et des manuscrits, l'écriture, l'orthographe, les opérations de l'arithmétique sur les fractions et les nombres fractionnaires, les éléments de l'histoire nationale, la géographie de la France, le catéchisme et l'instruction religieuse selon le culte, des développements sur les devoirs moraux de l'enfant.

Une école de ce genre, pour être bien tenue, doit avoir un instituteur-directeur et un sous-maître stagiaire, soit aspirant au brevet du deuxième degré, soit possesseur de ce brevet.

Les écoles du premier degré, dans les villes et dans les communes importantes, ne recevront que des jeunes garçons de l'âge de douze à seize ans, qui prouveront par certificat et par examen qu'ils possèdent l'instruction du deuxième degré.

Ces écoles seront divisées en deux salles, l'une pour les élèves de la deuxième division, l'autre pour ceux de la première.

La deuxième division sera composée des élèves de douze à quatorze ans. On leur enseignera : la lecture à haute voix, la calligraphie, les éléments de l'histoire générale, l'arithmétique pratique, l'orthographe, la grammaire française, l'analyse grammaticale, la géographie, les éléments du dessin linéaire, les principes de la musique vocale, l'instruction religieuse selon le culte, les éléments des devoirs des citoyens.

La première division, composée des enfants de quatorze à seize ans, aura pour programme d'étude : la calligraphie, la syntaxe française, les exercices familiers de composition, comme lettres, rapports, petites narrations, l'arithmétique raisonnée, les éléments de la tenue des livres; la géométrie élémentaire, l'arpentage; des notions usuelles et très-élémentaires de physique, de chimie, d'histoire naturelle; l'instruction religieuse selon le culte; la constitution et l'organisation politique et civile de la France; la musique vocale.

Il est entendu que ce programme d'enseignement sera divisé de manière à former la matière des études de chacune des deux années de séjour dans chaque division.

Les classes de la journée se feront pour les enfants qui ne sont pas en apprentissage; les classes du soir, qui seront tenues de sept à dix heures, recevront les jeunes travailleurs industriels.

Aucun adulte ne pourra être admis aux écoles du soir dans les villes; des cours particuliers seront faits, pour les adultes, dans d'autres locaux.

Les écoles du premier degré dans les villes auront pour personnel, un instituteur-directeur et deux maîtres stagiaires sortant d'une école normale, soit possesseurs d'un diplôme du premier degré, soit aspirants à ce diplôme, mais munis de celui du deuxième degré.

Les écoles communales, dans les campagnes, seront à la fois du deuxième et du premier degré.

La salle d'école, dans les communes où il sera impossible d'établir une école spéciale de filles, sera partagée en deux parties par une cloison à hauteur d'appui. Un côté sera destiné aux garçons, l'autre aux jeunes filles.

Les filles recevront l'enseignement du deuxième degré seulement, et dans les classes faites de jour.

L'enseignement du premier degré sera donné le soir, de sept à dix heures, de manière à ce que les élèves puissent s'occuper, pendant la journée, des travaux agricoles ou industriels, soit dans leurs familles, soit chez leurs maîtres.

Les adultes, dans les campagnes, seront admis aux classes du soir de l'école communale.

Aucun enfant ne pourra, avant l'âge fixé, passer d'une division dans une autre, ni d'un degré au degré supérieur, sans une dispense d'âge, qui ne sera accordée qu'en raison des progrès, et après examen constatant que l'enfant possède entièrement l'instruction de la division ou du degré auquel il appartenait.

Aucun enfant ne pourra être admis dans les fermes-écoles, dans les écoles professionnelles, en apprentissage, ni dans les écoles secondaires, s'il ne prouve par un certificat d'examen qu'il possède l'instruction primaire du degré inférieur.

Les classes du soir, où l'on donnera l'instruction du deuxième degré, seront obligatoires pour les apprentis, les élèves des fermes-écoles et les enfants qui travailleront soit dans les manufactures, soit dans les exploitations rurales.

Le personnel des écoles communales, dans les communes rurales, se composera d'un instituteur-directeur, d'un stagiaire, aidés de deux moniteurs choisis parmi les meilleurs élèves. Ces moniteurs recevront une prime annuelle de 50 à 100 francs.

On ajoutera aux cours actuels des écoles normales primaires, des leçons sur l'éducation morale, sur les devoirs des instituteurs envers leurs élèves, sur les devoirs du citoyen, sur la Constitution de la République, et sur l'organisation politique, civile et militaire de la France.

Tous les instituteurs primaires actuellement en exercice seront tenus de suivre, à l'école normale de leur département, des leçons sur ces matières, qui seront faites spécialement pour eux pendant une époque de vacances.

On pourrait encore convoquer les instituteurs de chaque canton au chef-lieu cantonal, où les leçons ci-dessus indiquées leur seraient données par un inspecteur des écoles primaires.

Il y aura, dans chaque canton, un Comité central de l'instruction primaire, chargé de la surveillance journalière des écoles et de l'application de la loi. Ce Comité se composera du juge de paix, président, du maire du canton, vice-président, des maires et des ministres du culte de chaque commune, et d'un membre choisi parmi les plus éclairés de chaque Conseil municipal.

Dans chaque commune, le maire, le ministre du culte et le délégué du Conseil municipal formeront la Commission communale de l'instruction primaire.

La Commission communale s'assurera de l'exécution de la loi dans sa commune ; elle veillera à l'exécution du programme des études ; l'instituteur lui adressera les rapports sur les absences des élèves, sur leur aptitude, leur conduite, leurs progrès. La Commission communale transmettra tous les documents relatifs à ses écoles au bureau du Comité central, qui correspondra avec le recteur de l'Académie et les inspecteurs de l'instruction primaire. Le bureau réunira le Comité central en assemblée générale lorsqu'il y aura nécessité. Les fonctions des membres du Comité sont gratuites.

III

Éducation et instruction de l'adolescence.

INSTRUCTION SECONDAIRE.

Le plan d'éducation et d'instruction primaires, qui vient d'être exposé, me semble répondre entièrement aux deux principes d'égalité et de fraternité proclamés par la grande et belle formule de notre République. La même éducation, la même instruction premières, seront dispensées à nos jeunes concitoyens. Mais un âge arrive où il est impossible de continuer, sinon l'éducation, au moins l'instruction avec la même uniformité. A cet âge, de nombreuses carrières s'ouvrent devant les aptitudes spéciales et la vocation des jeunes gens ; il faut donc que l'instruction se divise en autant de grandes sections qu'il y a de groupes principaux de professions. Ainsi, parmi les jeunes gens, les uns devront se livrer à un travail presque entièrement manuel dans les arts industriels ; les autres, élevant leurs vues plus haut, aspirent à devenir chefs d'atelier, entrepreneurs d'industrie ; plusieurs se tournent du côté de l'agriculture, un grand nombre vers les professions dites libérales ou vers l'administration. L'instruction secondaire se divise par conséquent en quatre sections : 1° l'apprentissage, 2° les études professionnelles, 3° les études agricoles, 4° les études littéraires.

DE L'APPRENTISSAGE.

L'apprentissage est l'étude individuelle d'un art manuel ou métier, chez un entrepreneur d'industrie qui devient le *maître enseignant* de l'apprenti.

L'État, tuteur des jeunes citoyens et dispensateur de l'éducation et de l'instruction, peut-il quelque chose pour l'apprenti ? Doit-il continuer à veiller sur l'enfant sorti des écoles et placé chez un industriel pour y apprendre un métier ?

Il le doit sans aucun doute.

Car, chacun sait combien la condition des apprentis a été jusqu'ici déplorable. Pour un grand nombre, l'apprentissage a été l'équivalent de l'esclavage le plus dur ; mauvais traitements, mauvaise nourriture, travail excessif, quelquefois privation de repos, trop souvent exemples d'immoralité brutale, rien n'est épargné au malheureux apprenti.

Sous le règne de la fraternité, un semblable abandon de l'enfance laborieuse n'est plus possible.

L'apprentissage sera réglé par un contrat passé entre le père ou le tuteur, et le maître de l'apprenti.

Un registre de l'apprentissage sera ouvert dans chaque mairie.

On y inscrira les noms des contractants, la date, les clauses et la durée du contrat.

Une liste des apprentis sera dressée dans chaque commune, et, pour les grandes communes, dans chaque quartier ou arrondissement.

Ces listes seront transmises en double au ministère de l'in-

struction publique et au ministère de l'agriculture et du commerce [1].

Chaque apprenti recevra, au moment de son inscription, un
livret, indiquant son nom, ses prénoms, la date et le lieu de sa
naissance, le degré d'instruction primaire qu'il possède, le nom
de son maître, la profession qu'il embrasse, la durée de son apprentissage.

Des inspecteurs gratuits de l'apprentissage seront nommés par
les préfets dans chaque commune, parmi les hommes les plus
honorables et les plus éclairés. Un médecin leur sera adjoint.
ces inspecteurs auront le titre de protecteurs des apprentis.

Les inspecteurs, par des visites soit individuelles, soit col-
lectives, et toujours inattendues, s'assureront que le nombre
d'heures de travail fixé par la loi n'est pas dépassé; que les
apprentis sont convenablement nourris et couchés; qu'ils ne
subissent pas de châtiments corporels; qu'ils sont dans l'état de
santé nécessaire pour se livrer au travail; que le maître les em-
ploie comme ouvriers et non comme domestiques; enfin qu'ils
suivent les leçons de l'enseignement primaire, le soir, s'il y a
lieu. Les inspecteurs vérifieront surtout si les apprentis ne sont
pas abandonnés par leurs maîtres à la débauche, ni aux excès
de vin.

Ils tiendront note des plaintes des maîtres et en examineront la
justice.

Ils rappelleront au bien l'apprenti coupable, par leurs exhor-
tations et leurs encouragements.

Ils inscriront sur le livret de l'apprenti des notes relatives à
sa conduite et à ses progrès.

Les inspecteurs transmettront leurs rapports aux préfets, qui
en feront connaître le résumé aux deux ministères ci-dessus
désignés.

On instituera des médailles d'honneur pour les maîtres et pour
les apprentis qui se distingueront, les premiers par leur enseignement et la bonne tenue de leurs élèves, les seconds par leur
conduite, leur activité, leurs progrès.

Les apprentis qui donneront des preuves d'une capacité
supérieure seront admis dans les écoles professionnelles, aux
frais de l'État.

[1] Il devrait prendre le titre de ministère de l'agriculture, de l'industrie
et du commerce.

Les contestations entre les familles des apprentis et les maîtres seront jugées par les Conseils de prud'hommes, et, dans les communes où ces Conseils n'existent pas, par les inspecteurs de l'apprentissage, présidés par le maire de la commune.

Plusieurs écrivains, pour faire disparaître les vices de l'apprentissage, ont proposé la fondation d'écoles d'apprentis. Cette institution n'est pas réalisable : 1° parce qu'il faudrait un nombre considérable de ces écoles ; 2° parce que leur entretien absorberait des sommes énormes ; 3° parce que ces écoles feraient une concurrence fâcheuse à l'industrie privée.

DES ÉTUDES PROFESSIONNELLES.

Si la fondation des écoles d'apprentissage est impossible, il n'en est pas de même de la fondation des écoles professionnelles. Ces écoles seraient destinées à former des contre-maîtres habiles, des chefs d'atelier, des conducteurs de travaux, des agents voyers, des sous-ingénieurs et des ingénieurs civils, des manufacturiers, des négociants, des armateurs, etc.

Les écoles professionnelles seraient érigées par toute la France.

On pourrait faire, pour la graduation de ces écoles, ce qui a été exécuté dans la fondation de l'enseignement agricole, trois ordres d'établissements :

1° Les écoles professionnelles du deuxième degré.

2° Les écoles professionnelles du premier degré.

3° L'école professionnelle supérieure, ou institut de l'industrie et du commerce.

Il y aurait une école professionnelle du deuxième degré dans chaque chef-lieu de département.

Ces écoles n'admettraient que des externes, elles auraient un Cours professé pendant le jour, et un Cours du soir, de sept à dix heures, pour les ouvriers adultes.

Le personnel des écoles du deuxième degré se composerait :

D'un directeur-professeur ,

D'un professeur-adjoint ,

D'un maître de dessin ,

D'un surveillant.

La durée des études serait de trois années et le programme réglé comme il suit :

PREMIÈRE ANNÉE.

Arithmétique théorique et pratique ; géométrie élémentaire ; éléments d'algèbre dans le second semestre ; comptabilité ; éléments d'histoire naturelle ; dessin linéaire et d'ornement ; morale religieuse, selon le culte.

DEUXIÈME ANNÉE.

Algèbre ; physique et chimie élémentaires, avec notions sur les principales applications à l'industrie. Géométrie pratique ; dessin des machines, de trait de charpente, de menuiserie, de serrurerie, de meubles, d'orfévrerie, de coupe de pierres, lavis. Morale religieuse, selon le culte.

TROISIÈME ANNÉE.

Revue de l'arithmétique, de la géométrie, de l'algèbre, arpentage, lever de plans ; suite des cours de physique et de chimie, technologie. Conférences sur l'histoire nationale, sur la constitution et sur les devoirs des citoyens. Dessin des machines et d'architecture civile.

Le directeur professerait soit la physique et la chimie, soit les mathématiques ; il serait en outre chargé du cours de technologie et des conférences de la troisième année.

Le professeur adjoint serait chargé des cours que ne professerait pas le directeur.

Le surveillant aurait la police des salles de travail dans l'intervalle des leçons, et il aiderait aux travaux du secrétariat.

En établissant sur les bases suivantes le traitement du personnel, la dépense portée au budget de l'État ne s'élèverait pas à un million pour les quatre-vingt-six départements.

Directeur	3,000 fr.
Professeur-adjoint.	2,400
Maître de dessin	2,000
Surveillant	1,500
	8,900 fr.

Cette somme de 8,900 fr. par école, multipliée par 86, donne un total de 756,500 fr. pour les quatre-vingt-six écoles départementales.

Les écoles du premier degré seraient au nombre de quatre au moins, et de six au plus.

L'instruction y serait donnée de manière à compléter l'instruction primaire et à dispenser l'instruction professionnelle d'une manière élevée.

Ces écoles admettraient des internes payant pension, et des élèves gratuits nommés par l'Etat. La durée des études serait également de trois ans.

Dans chaque école, les élèves formeraient deux divisions :

1º Division de l'industrie ; 2º division du commerce.

Les études seraient, les unes communes aux deux divisions, les autres spéciales à chacune d'elles.

1º

Cours de première année.

ÉTUDES COMMUNES AUX DEUX DIVISIONS.

Rhétorique française ; histoire générale, langue anglaise, allemande ou espagnole. Arithmétique théorique et pratique. Géométrie élémentaire, éléments d'algèbre pendant le second semestre. Physique et chimie expérimentales. Histoire naturelle. Instruction morale et religieuse, selon le culte.

DIVISION INDUSTRIELLE, COURS SPÉCIAUX DE PREMIÈRE ANNÉE.

Géométrie graphique, géométrie pratique, technologie, dessin linéaire et d'ornement.

TRAVAIL D'ATELIER.

Maniement des outils, travaux élémentaires sur le bois, la pierre, les métaux.

DIVISION COMMERCIALE, COURS SPÉCIAUX DE PREMIÈRE ANNÉE.

Histoire du commerce, géographie commerciale, tenue des livres et comptabilité. Etude des matières premières que le commerce livre à l'industrie. Dessin.

2°

Cours de deuxième année.

ÉTUDES COMMUNES AUX DEUX DIVISIONS.

Histoire nationale, littérature française. Langue anglaise, allemande ou espagnole. Algèbre, équations du premier et du deuxième degré. Application de l'algèbre à la géométrie. Physique et chimie, applications aux arts. Instruction morale et religieuse, selon le culte.

DIVISION INDUSTRIELLE, COURS SPÉCIAUX DE DEUXIÈME ANNÉE.

Géométrie descriptive jusqu'aux surfaces courbes, gauches et de révolution. Lever des plans, nivellement, calcul des déblais et des remblais. Stéréotomie. Dessin des machines, épures de coupe de pierres, dessin d'architecture, trait de charpente, dessin de menuiserie, de serrurerie.

TRAVAIL D'ATELIER.

Coupe de pierres en petits modèles, sur épures ; exécution de machines simples, dressage, ajustement, modelage.

DIVISION COMMERCIALE, COURS SPÉCIAUX DE DEUXIÈME ANNÉE.

Suite de l'histoire du commerce et de la géographie commerciale. Code de commerce. Étude des matières fabriquées ; moyenne de leur prix de revient sur les différents marchés. Pratique des divers genres de comptabilité. Dessin.

3°

Cours de troisième année.

ÉTUDES COMMUNES AUX DEUX DIVISIONS.

Économie industrielle. Littérature anglaise, allemande ou espagnole. Physique et chimie appliquées aux arts. Étude de la Constitution ; devoirs des citoyens. Notions sur la législation française et sur l'organisation de l'administration.

DIVISION INDUSTRIELLE, COURS SPÉCIAUX DE TROISIÈME ANNÉE.

Trigonométrie rectiligne et sphérique ; évaluation des travaux. Composition de plans d'architecture civile. Étude de la manœuvre des machines à vapeur sur les chemins de fer, les navires, les bateaux, dans les usines. Dessin des machines.

TRAVAIL D'ATELIER.

Exécution de modèles de machines compliquées, mues par l'eau, l'air ou la vapeur.

DIVISION COMMERCIALE, COURS SPÉCIAUX DE TROISIÈME ANNÉE.

Droit commercial européen. Opérations légales de Bourse, de change, d'assurances. Les élèves seront divisés en comptoirs et en associations commerciales de tout genre, dont ils exécuteront les opérations, de manière à se rendre familières les affaires commerciales les plus difficiles.

Ces écoles, d'une importance incontestable, et qui donneraient à notre industrie un élan, une supériorité qui lui manquent encore, exigeraient un personnel assez nombreux ; mais une grande partie de la dépense serait acquittée par les pensions payées par les familles. Le personnel se composerait :

D'un directeur aux appointements de.	4,000 fr.
Un professeur de mathématiques spéciales.	3,000
Un professeur de physique et de mathématiques élémentaires.	2,400
Un professeur de chimie et d'histoire naturelle.	2,400
Un professeur de rhétorique française et d'histoire.	2,400
Un professeur de comptabilité, qui serait en même temps agent comptable de l'établissement.	2,000
Un professeur de droit commercial et d'économie industrielle.	2,400
Un professeur de dessin industriel.	2,000
Un professeur de dessin artistique et d'ornement.	1,800
Un aumônier.	1,800
Un chef de pratique d'atelier.	1,800
Trois professeurs de langues vivantes.	3,000
Quatre maîtres de surveillance.	4,000
	33,000 fr.

Pour six écoles, la dépense serait donc de 198,000 francs, qui, ajoutés aux 756,500 francs des écoles du deuxième degré, donnent un total général de 954,500 francs.

En admettant dans chaque école 210 élèves, dont 190 payant une pension de 500 fr., et 20 élèves gratuits, nommés par l'E-tat ou au concours, la recette de chaque école sera de 95,000 fr., somme bien suffisante pour subvenir à toutes les dépenses de nourriture et autres frais, le traitement du personnel restant à la charge de l'Etat, qui, d'autre part, ne payerait rien pour les élèves gratuits.

Quant à l'école supérieure, elle serait établie à Paris, au Conservatoire des arts et métiers, et n'admettrait que des élèves externes.

DE L'ADMISSION AUX ÉCOLES PROFESSIONNELLES.

Aucun élève ne serait admis dans les écoles professionnelles du deuxième degré, sans avoir prouvé par certificat qu'il possède au moins l'instruction primaire du deuxième degré.

Les élèves payant pension seraient admis dans les écoles du premier degré, après un examen constatant qu'ils possèdent l'instruction primaire complète et qu'ils sont en état de suivre les cours avec fruit.

Les élèves gratuits seraient nommés au concours entre les élèves sortants de troisième année des écoles du deuxième degré.

Un concours annuel entre les élèves de troisième année des écoles du premier degré, déterminerait la nomination de vingt élèves entretenus par l'État auprès de l'école supérieure.

Deux examens après la durée du cours d'études à l'école su-périeure, donneraient droit au diplôme d'ingénieur civil, de chef d'usine, de chef de comptoir, ou de professeur des sciences in-dustrielles et des sciences commerciales.

Les places de professeurs et de directeurs des écoles profes-sionnelles appartiendraient de droit aux anciens élèves de ces écoles possédant leur diplôme.

L'instruction professionnelle aurait deux inspecteurs pour une circonscription de trois Académies. L'un d'eux serait nommé par le ministre de l'instruction publique ; l'autre par le ministre de l'industrie, de l'agriculture et du commerce.

DES ÉTUDES AGRICOLES.

Le décret de l'Assemblée nationale qui organise l'enseignement professionnel de l'agriculture a complétement pourvu aux besoins de ces études. Ce qu'on peut ajouter à ce décret, c'est que les élèves admis dans les fermes-écoles devront prouver qu'ils possèdent au moins l'instruction primaire du deuxième degré. Et pour être admis comme boursier dans les écoles régionales, il faudrait préalablement faire preuve que l'on possède l'instruction primaire complète.

DES ÉTUDES LITTÉRAIRES OU CLASSIQUES.

Les études classiques sont indispensables comme préparation à l'exercice des professions dites libérales. Ces études s'accomplissent dans les lycées nationaux et les colléges communaux, ou dans des établissements privés. Ces divers ordres d'écoles ont porté jusqu'ici le titre d'écoles secondaires, titre que ce plan étend à toutes les écoles qui sont intermédiaires entre les écoles primaires et les écoles supérieures.

L'ancienneté des écoles classiques, les soins tout spéciaux que l'Université leur a prodigués jusqu'ici, ne laissent plus à désirer dans leur organisation que des améliorations qui porteraient principalement sur l'éducation. Ce n'est pas sans raison que l'on se plaint généralement de ce que dans nos maisons d'éducation l'instruction est plus élevée, plus avancée, plus complète que l'éducation proprement dite. Ce vice tient d'une part à la position si inférieure et si précaire des maîtres d'étude, et aux rapports trop rares entre les proviseurs ou les principaux et leurs élèves. Un chef d'établissement doit connaître à fond le caractère de chacun des enfants qui lui sont confiés; il doit employer sans négligence, non-seulement toute son autorité, mais encore toute son influence morale, toute sa bienveillance, je dirai même toute son amitié pour redresser ce que le caractère peut avoir de défectueux, et diriger l'enfant de manière à lui inculquer profondément le sentiment du bien, l'amour du vrai et du juste.

Pour ce qui concerne les maîtres d'étude, qui devraient être les véritables éducateurs, tout est à organiser, à créer même. Leur état pénible et difficile devrait être une carrière aussi honorée qu'elle est honorable ; elle devrait leur présenter toutes les conditions désirables d'avancement et d'avenir.

Leur titre actuel, si décrié, serait changé en celui de chefs de division.

Les chefs de division devraient posséder le diplôme de bachelier ès lettres pour les divisions de grammaire, et celui de bachelier ès sciences physiques ou mathématiques pour les divisions supérieures. Avant leur admission, ils auraient à subir un examen spécial sur les devoirs des maîtres envers leurs élèves, et sur les principaux traités d'éducation. Ils devraient fournir des certificats de moralité en bonne forme.

Les chefs de division seraient partagés en trois classes, en attachant la classe à la personne, comme il vient d'être si justement établi pour le personnel des Académies.

Les chefs de division de troisième classe auraient un traitement de 1,000 fr.

Ceux de deuxième classe, un traitement de 1,500 fr.

Ceux de première classe, un traitement de 2,000 fr.

Une fois nommés, les chefs de division ne pourraient être révoqués de leurs fonctions que pour des motifs graves et par une Chambre de discipline.

Les sous-directeurs et les sous-principaux seraient pris parmi les chefs de division de première classe, un tiers au choix, deux tiers à l'ancienneté. Leur traitement serait de 2,400 fr.

Les sous-directeurs et les sous-principaux pourraient seuls être appelés au grade de censeur, au choix pour un tiers, à l'ancienneté pour les deux autres.

La moitié des provisorats et des principalats appartiendrait aux censeurs ayant au moins trois années d'exercice, et l'autre moitié aux professeurs.

Après trente années de service, une retraite serait accordée aux chefs de division, selon leur grade actuel.

Quelques améliorations pourraient aussi être introduites dans le programme de l'instruction ; elles ne consisteraient pas à augmenter les matières de l'enseignement, mais plutôt à les diminuer. On pourrait, par exemple, resserrer le cadre de l'histoire générale ; on descendrait moins dans le détail des faits secondaires, et l'on insisterait plus sur les grands faits qui caractérisent les époques principales des phases de l'humanité.

Il serait utile, pour mettre l'instruction des écoles classiques en harmonie avec celle des écoles professionnelles, de faire aux élèves de philosophie un cours d'histoire du peuple français, qui se terminerait par une explication de la Constitution, des considérations sur les devoirs du citoyen, et l'exposition de l'organisation politique, civile et militaire de la France.

Je pense que l'éducation et l'instruction se trouvant ainsi réglées, toutes les lacunes qui existent actuellement dans notre système d'instruction publique seront comblées. La France possédera un ensemble d'écoles répondant aux besoins de toutes les professions. Chacun pourra puiser dans l'enseignement l'instruction et les lumières nécessaires à sa spécialité. Enfin le système d'éducation nationale reposera sur les trois grands principes de la liberté, de l'égalité et de la fraternité.

152

9 782019 243968